AF264001

Séance du 22 Mars 1842.

DISCOURS

Prononcé par M. le Duc de Broglie,

A L'OCCASION DU DÉCÈS

De M. le Maréchal Marquis Maison.

MESSIEURS,

La France, le Roi, la Chambre des Pairs, ont fait naguère une perte douloureuse et prématurée. Le 13 février 1840, Nicolas-Joseph Maison, Maréchal de France, Pair de France, ancien Ministre des affaires étrangères et de la guerre, ancien Ambassadeur près des Cabinets de Vienne et de Saint-Pétersbourg, nous a été enlevé inopinément, après quelques jours de maladie. Né à Épinay-sur-Seine, le 19 décembre 1771, il entrait à peine dans sa soixante-huitième année. C'est l'époque de la retraite pour les simples officiers-généraux; ainsi le veut une loi trop rigoureuse peut-être : c'est l'âge de repos pour les hommes ordinaires; ce n'est point le terme naturel d'une carrière consacrée au commandement des armées, aux travaux de la haute administration, à la direction suprême des affaires. La mort a frappé M. le Maréchal Maison encore debout, et, pour ainsi dire, tout entier. Si, pour le malheur du monde, la guerre eût éclaté de nouveau, il était de ceux dont trente campagnes et autant de blessures n'avaient épuisé ni le sang ni les forces. Si le bien de l'État l'avait exigé, il pouvait rentrer dans les conseils du Roi ; il pouvait, encore une fois, représenter dignement, dans les cours étrangères, la gloire de nos armes et la gloire non moins pure, non moins légitime, de la révolution de Juillet. Une longue expérience ne se remplace pas aisément ; il y a dans un demi-siècle de grands services une autorité qui n'a pas besoin d'élever la voix pour se faire entendre et respecter.

Appelé par sa veuve et par ses enfants à rendre devant vous un dernier hommage à sa mémoire, je dois cet honneur à l'honneur que j'ai eu de présider, en 1835, l'un des Cabinets dont il a fait partie. Ma tâche sera très simple : je me bornerai à retracer rapidement les principaux événements de sa vie.

Pour M. le Maréchal Maison, comme pour la France qui le compte au nombre de ses plus dignes enfants, l'histoire de nos cinquante dernières années se partage en trois époques distinctes.

De 1792 à 1814, il a combattu, d'abord pour maintenir l'indépendance de notre pays, l'intégrité du territoire français ; puis pour faire reconnaître en Europe, pour faire admettre sur un pied d'égalité, par les vieilles sociétés européennes, la société nouvelle que le progrès des temps et les lumières de la civilisation ont fondée laborieusement parmi nous sur les débris du passé.

De 1814 à 1830, il a prêté appui à la Restauration, par raison plutôt que par choix, et l'a fidèlement servie sans la flatter dans ses illusions, sans partager son aveuglement.

En 1830, il a pris parti, dès les premiers instants, dans la lutte engagée au nom du bon droit ; il a porté à la bonne cause le poids de son nom et de son épée, et n'a cessé depuis de marcher au premier rang parmi ceux auxquels il a été donné de faire prévaloir, après le succès, cette politique digne et juste, résolue et raisonnable, qui honore les Gouvernements, et affermit l'œuvre des révolutions.

La famille de M. le Maréchal Maison était peu connue ; il attachait lui-même quelque prix à rappeler, dans l'occasion, l'obscurité de son origine, répondant ainsi, par un sentiment de fierté légitime, aux puériles suggestions de la vanité. Lorsque l'Empereur, au faîte de la gloire et de la fortune, lui dit un jour, en présence de toute sa cour : « Maison, vous descendez sans doute de l'ancienne famille dont vous portez le nom. — Non, Sire, répondit simplement le Maréchal, je suis fils d'un paysan. » Et ceux qui l'ont vu, depuis, gouverneur de Paris en 1814, faire, à ce titre, les honneurs de la Capitale aux compagnons d'exil de Louis XVIII et du comte d'Artois, se souviendront sans doute d'avoir vu sa mère, vêtue en simple villageoise, assise auprès de ces vieux uniformes de l'armée de Condé, demeurant ainsi, de son côté, fidèle aux traditions de sa jeunesse, et rendant honneur aux souvenirs du passé.

Les parents du jeune Maison le destinaient au commerce. En possession d'une fortune modeste, mais honorable, ils n'avaient rien négligé pour le préparer à cette profession par une éducation libérale. Mais les événements en disposèrent autrement. On sait quel noble enthousiasme se saisit de la France entière, en 1792, aux premières approches de l'ennemi. Le jeune Maison partagea cet enthousiasme. Il partit à l'improviste, sans consulter ses parents, entraînant à sa suite toute la jeunesse du village qu'il habitait. Arrivé sous les murs de Saint-Denis, à l'entrée du pont qui traverse la petite rivière de Crou : « Vois-tu ce pont, Lefebvre, dit-il à l'un de ceux qui l'accompagnaient ; eh bien, j'y repasserai maréchal-de-camp. » De toute cette troupe qui marchait à sa voix, pleine de joie, d'ardeur et de confiance, un seul devait repasser avec lui ce même pont : Lefebvre, devenu son lieutenant, a péri à ses côtés ; la guerre a moissonné tous les autres sur divers champs de bataille.

La fortune réservait au jeune Maison bien plus qu'il n'avait rêvé. Mais il est des temps où la fortune n'accorde rien en pur don ; il est des hommes qui n'obtiennent d'elle que l'occasion de mériter les honneurs et les dignités. Notre collègue a été de ce nombre. Il a payé les honneurs et les dignités de tout le prix qu'un homme y peut mettre. Simple grenadier en 1792, la paix de 1814 l'a trouvé simple officier-général. Durant ce long période, il a servi sans interruption, avec zèle, avec éclat. Il a servi trois ans à l'armée du Nord, trois ans à l'armée de Sambre-et-Meuse, un an en Italie, une autre année à l'armée du Rhin, une autre à l'armée de l'Ouest. Il a commandé deux fois en Hollande, une fois en Hanovre. Il a pris rang, à plusieurs reprises, parmi les généraux de la grande armée, associé son nom aux travaux gigantesques de l'Empereur, suivi ou plutôt guidé nos drapeaux sous les murs de Vienne et sous

les murs de Madrid , combattu glorieusement dans les
plaines de la Russie et dans celles de Leipsick, et lorsqu'enfin le jour du revers a lui sans lendemain, recu-
lant pied à pied devant le nombre, il est venu rendre,
au dernier moment, son dernier combat sur cette
même frontière de Belgique, où vingt-deux ans aupa-
ravant, il avait entendu le feu pour la première fois. De
toutes les affaires auxquelles il a pris part, on compte-
rait, pour ainsi dire, celles où il n'a pas donné de son
sang. De tous les grades qu'il a obtenus, à peine s'il en
est un qui n'ait pas été la récompense directe d'une
action brillante ou d'une blessure grave. Il en est qu'il
a été contraint de gagner deux fois à la pointe de son
épée.

Nommé capitaine, en effet, dès sa première campagne, distingué dans toute l'armée pour avoir, à la bataille de Jemmapes, sous les yeux du duc de Chartres,
aujourd'hui le Roi des Français, rallié son bataillon enfoncé par l'ennemi, et repris lui-même le drapeau, il
fut tout-à-coup destitué par l'un de ces caprices révo-
lutionnaires dont les représentants du peuple, en mission, donnaient alors tant d'exemples. Redevenu simple
volontaire, il n'obtint qu'au bout de deux ans d'être
réintégré dans son grade. Pendant ces deux ans, le volontaire Maison s'était fait remarquer à la bataille de
Fleurus; il avait été blessé une première fois, de plusieurs
coups de sabre, à la prise d'une redoute sous Maubeuge;
puis laissé pour mort sur le champ de bataille, à l'at-
taque du mont Parisel, devant Mons; puis atteint d'un
coup de feu au bras, en enlevant une batterie tout près
d'Ehrenbreitstein. Capitaine pour la seconde fois, il
avait à réparer le temps perdu : l'occasion s'en pré-
senta dès l'année suivante. Après avoir, par sa résolu-

tion, décidé le passage du Rhin sur l'un des points les plus difficiles, emportant, à la tête d'une colonne de grenadiers, le pont de Limbourg sur la Lahn, il reçut un autre coup de feu qui le priva de la vue pendant quelques mois. Ce fut alors que le général en chef Jourdan le fit apporter tout sanglant et presque aveugle devant le front du 88e régiment, et le proclama chef de bataillon.

Depuis, son avancement, toujours lent et laborieux, fut cependant plus régulier.

Attaché à la division du général Bernadotte, aujourd'hui le Roi de Suède, il suivit, pendant plusieurs années, la fortune et partagea les travaux de cet illustre capitaine. Il fit avec lui, en Allemagne, la pénible campagne de 1796, et, en Italie, la brillante campagne de 1797. Blessé de nouveau grièvement à la bataille de Würtzbourg, il fut fait adjudant-général à la paix de Campo-Formio.

Peu après, la guerre ayant éclaté de nouveau, le général Bernadotte, devenu Ministre, envoya l'adjudant-général Maison en mission, d'abord à l'armée du Rhin, où il vengea sur le corps des hussards de Szekler l'assassinat des plénipotentiaires de Rastadt ; puis à l'armée de Hollande, où il demeura, sa mission terminée, pour assister en volontaire à la bataille d'Alckmaër. Il y reçut une balle qui lui traversa la poitrine de part en part ; on le crut mort, et cette méprise fit qu'il ne fut point porté sur le tableau des promotions. Ce ne fut que cinq ans après cet événement, et pour prix de sept années passées constamment sous les drapeaux, qu'ayant, à la bataille d'Austerlitz, enfoncé le corps des gardes nobles russes, il fut nommé général de brigade.

L'amitié du général Bernadotte n'était pas un titre à la faveur. Sept autres années s'écoulèrent avant qu'il fût donné au général Maison de franchir un autre degré, sept années pareilles aux premières, sept années de fatigue, de périls et d'actions d'éclat. Dans les deux campagnes de Prusse, son nom figura souvent aux bulletins de la grande armée; il se fit remarquer à Schleist, à Hall, à Crewitz, à la prise de Lubeck, au combat de la Passarge, à la bataille de Friedland. Dans la campagne d'Espagne, il prit une telle part à la victoire d'Espinosa, que l'Empereur se crut obligé de lui en témoigner sa satisfaction en présence de toute l'armée. Quelques jours plus tard, il eut le pied droit fracassé à la prise de Madrid. Employé en 1809 et en 1810, après le débarquement de Walcheren, à la défense d'Anvers et de la Hollande, M. le Maréchal Oudinot lui-confia provisoirement le commandement d'une division d'infanterie toute composée de nouvelles levées; entre ses mains, l'instruction de ce corps fut si belle et si rapide, qu'il excita l'admiration des plus vieux officiers : l'Empereur lui-même en témoigna son étonnement.

Néanmoins le commandement de cette division, formée par ses soins, ne lui fut pas conservé. Il demeura général de brigade ; et ce fut en cette qualité qu'à l'instant où éclata, en 1812, la dernière guerre de l'empire, il rejoignit le deuxième corps sur les bords de la Dwina.

On sait quelle fut sa conduite à la journée du 30 juillet, et le 18 août à la fameuse bataille de Polotzk. Le grade de général de division en fut enfin la récompense.

A dater de cette époque, sa réputation, déjà grande, grandit de jour en jour, et le porta rapidement au

premier rang. Étranger à l'art de la guerre, il ne m'ap
partient point de parler de la part glorieuse qu'il prit
à la retraite du deuxième corps, après la seconde bataille de Polotzk, ni des services éminents qu'il rendit
au passage de la Bérézina, où, blessé assez grièvement,
il refusa de quitter le commandement de son corps,
ni des combats qu'il soutint pendant le reste de la retraite, où sa division forma l'arrière-garde de l'arrière-
garde.

Il m'appartient encore moins de raconter et d'ap-
précier les faits d'armes et les manœuvres habiles par
lesquels il s'est signalé dans les campagnes suivantes :
aux grandes batailles de Lützen, de Bautzen, de la
Katzbach, à la funeste journée de Leipsick, où, blessé
pour la dernière fois, il donna de nouveau le rare
exemple d'un chef qui continue tranquillement à donner ses ordres sans tenir compte du sang qu'il perd et
des douleurs qu'il endure. Ce qui est certain, c'est
qu'en présence de ces terribles événements, tout l'é-
loignement que l'Empereur avait eu pour lui si long-
temps s'était dissipé. L'Empereur s'entretenait souvent avec lui, lui communiquait ses plans d'opération ;
on s'attendait, dans l'armée, à le voir bientôt élevé à la
première des dignités militaires. Aussi, lorsqu'à la fin
de 1813, on le vit appelé au commandement en chef
de l'armée du Nord et chargé de la défense de la
Belgique, ce témoignage de confiance parut un premier acte de justice qui en présageait et en préparait un
second.

Il n'est pas besoin de rappeler que jamais confiance
ne fut mieux placée. Personne n'a oublié, et les étrangers ont oublié moins que personne, comment, dans
la mémorable campagne de 1814, l'armée du Nord,

réduite à quelques poignées de soldats, tint en échec,
pendant cinq mois, trois corps formidables, disputa
tous les terrains, maintint toutes les places fortes, dé-
joua toutes les entreprises, repoussa toutes les attaques,
et finit par remporter une victoire éclatante sous les
murs de Courtray, le jour même où Paris était contraint
d'ouvrir ses portes aux alliés.

Durant le cours de cette campagne, la fermeté du
général Maison fut mise à plus d'une épreuve.

Le Gouvernement impérial penchait vers sa ruine.
La grande armée était écrasée, la France était épuisée,
la Restauration se préparait. En Flandre, en Artois, le
parti royaliste commençait à se montrer. On savait
que le général Maison n'avait jamais été compté parmi
les hommes de guerre qu'attachaient à l'Empereur les
liens d'une ancienne affection et d'une reconnaissance
personnelle. Quel triomphe s'il eût été possible de le
détacher de la cause impériale, et de s'assurer le con-
cours d'une armée, petite sans doute, mais victorieuse!
Vers la fin du mois de mars, le Roi Louis XVIII fit of-
frir au général Maison le bâton de maréchal, le gouvernement à vie des places de Belgique qu'il avait si
vaillamment défendues, et un établissement propor-
tionné à cette haute fortune. Ces propositions furent
repoussées comme elles devaient l'être. La cause impériale était encore, à cette époque, la cause de la
France. Bien loin de trahir l'Empereur, bien loin de
l'abandonner dans cette extrémité désespérée, le général Maison se hâtait, dès le lendemain de la victoire
de Courtray, de réunir toutes les troupes dont il pouvait
disposer, pour opérer une diversion puissante en se
portant à marches forcées sur les derrières de l'ennemi,
lorsque la nouvelle de l'abdication de Fontainebleau
l'obligea de poser les armes.

Cet événement terminait tout.

La France était appelée de nouveau à se donner un gouvernement. Chaque citoyen recouvrait le droit de concourir librement à ce choix. Le général Maison, consulté confidentiellement par l'un de ses compagnons d'armes, le général Dessolle, alors engagé dans la négociation qui se suivait près des souverains alliés en faveur de la maison de Bourbon, se déclara prêt à reconnaître et à servir le gouvernement qui obtiendrait l'assentiment de la France ; mais il exprima de grands doutes quant à la possibilité de fonder sur les idées inséparables d'une restauration un ordre de choses solide, durable et national.

Il faut rendre au Roi Louis XVIII cette justice, qu'au moment où le général Maison lui fut présenté à Calais, il ne se souvint ni de ses offres refusées, ni de la liberté avec laquelle le général avait énoncé son opinion, ou plutôt que, s'il s'en souvint, ce fut pour honorer la fidélité et récompenser le patriotisme. Il accueillit le général Maison avec empressement, le félicita des services qu'il venait de rendre à la France, persista à lui destiner la dignité de maréchal, et le nomma gouverneur de Paris. « Comme vous avez été fidèle à l'Empe- » reur, lui dit-il, vous serez fidèle au Roi de France. »

C'était penser et agir en Roi ; la confiance de ce prince éclairé ne fut point trompée. Tant que dura la première Restauration, le général Maison remplit les devoirs de sa charge avec un dévouement inaltérable, donnant au Gouvernement nouveau de salutaires conseils, arrêtant, autant qu'il dépendait de lui, des prétentions surannées, contenant avec une égale fermeté, tous les partis, demeurant étranger à tous les complots. Lorsque éclata ce qu'on a nommé la révolution des

Cent-Jours, non seulement il resta, jusqu'au dernier moment, à son poste près de Louis XVIII; mais en prenant congé du Monarque, exilé pour la seconde fois, en recevant ses embrassements avec une reconnaissance respectueuse, il déclara hautement qu'aucune considération ne pourrait le déterminer à s'associer aux événements qui se préparaient, qu'il regardait son épée comme brisée, et sa carrière comme terminée: la cause de l'émigration n'avait jamais été, à ses yeux, la cause de la France, il ne pouvait l'embrasser; la cause impériale ne l'était plus, il ne pouvait la soutenir.

Il exécuta sa résolution sur-le-champ; il se retira dans une terre qu'il possédait sur les bords du Rhin. Là, il repoussa à regret, mais avec persévérance, les instances réitérées, les sollicitations pressantes de l'Empereur; avec indignation les efforts qui furent tentés pour le contraindre à prendre parti dans un sens directement opposé.

Cette partie de la vie du général Maison a été diversement appréciée. Il a toujours dédaigné de repousser les attaques dirigées contre lui de plusieurs côtés. Il a agi comme ont agi deux hommes dont le souvenir est cher à la France, et dont l'histoire a placé les noms parmi les noms les plus honorés: M. le Maréchal Saint-Cyr et M. le Maréchal Macdonald. Toutefois, en exposant à ses amis les motifs de sa détermination, en confiant à ses enfants le soin de faire connaître, au besoin, toute la vérité sur ce sujet délicat, en déposant dans leurs mains tous ses papiers, toutes ses correspondances, il attachait un grand prix à répéter qu'il considérait son opinion comme lui étant propre et exclusivement personnelle; qu'il avait obéi surtout à des devoirs de position,

et qu'à défaut de son bras, son cœur avait toujours été
au milieu de ses frères d'armes, et sous le drapeau de
son pays.

Ce qu'il a voulu, ce qu'il a fait en 1814, sous la
première Restauration, le général Maison l'a voulu,
l'a fait pendant toute la durée de la seconde.

A la Chambre des Pairs, il a constamment siégé
dans les rangs de cette majorité qui s'est formée, en
quelque sorte, dès les premiers jours de 1815, que la
faveur n'a pas démembrée, que les coups d'État n'ont
pu détruire, qui s'est proposé pour but invariable de
maintenir, avec une égale fermeté, les droits de l'autorité contre les violences des factions, les droits du pays
contre les empiétements de l'autorité, les droits de la
justice contre l'esprit de ressentiment et de vengeance,
majorité éclairée et modérée, loyale et libérale, qui
aurait sauvé la Restauration, s'il eût été possible de la
sauver.

A la Cour, dans les affaires, il a partagé successivement la bonne et la mauvaise fortune du parti constitutionnel ; tour à tour employé, disgracié, rappelé, selon
que ses amis politiques étaient ou n'étaient pas au
pouvoir, selon que l'esprit de modération prenait,
perdait ou recouvrait l'ascendant. « Dites-lui bien, s'é-
criait au plus fort de la réaction de 1815 le Ministre de
la guerre parlant à l'un de ses aides-de-camp, dites-lui
bien qu'il se perd, que la vivacité de son opposition
désarme ses meilleurs amis, qu'une promotion va
avoir lieu, qu'il brise son bâton de maréchal. — Dites-
lui bien, répondait le général Maison par le même in-
termédiaire, que j'entends conserver l'indépendance
de ma conduite et de mon langage, et que, s'il y faut
renoncer, je ne veux point de bâton de maréchal à ce
prix. »

Il ne l'eut point; cette récompense suprême de tant de travaux et de services lui échappa encore cette fois. Il était réservé au dernier ministère constitutionnel qu'ait eu la Restauration de mettre, douze ans plus tard, un terme à cette longue injustice.

En 1828, le général Maison fut chargé de diriger l'expédition française en Morée; il reçut cette mission du Cabinet auquel M. de Martignac a laissé son nom, Cabinet illustré par tant de lumières et de probité. Le but était d'achever, sans coup férir, s'il était possible, l'œuvre entamée par les négociations, poursuivie au bruit du canon de Navarin; le but était d'assurer, sans détruire, sans trop affaiblir même l'Empire ottoman, cette indépendance que la Grèce avait méritée par dix années de combats héroïques et de souffrances inouïes. C'était une entreprise délicate plutôt que périlleuse. L'armée française était assez forte pour avoir facilement raison de tous les obstacles, mais elle devait agir sous l'autorité des protocoles de Londres, dans les liens d'une sorte de médiation armée en ménageant la susceptibilité de nos alliés, de concert avec une diplomatie jalouse, divisée, et, à cette époque, errant sans établissement fixe. Là était la difficulté. L'opération fut conduite avec un mélange de promptitude, de prudence et de décision, avec ce degré d'ascendant et de mesure qui présageait dès lors ce que le général Maison serait bientôt dans une autre carrière et dans des conjonctures plus difficiles. Elle réussit en peu de mois, complétement, presque sans effusion de sang, aux applaudissements de la Grèce entière, qui en a conservé, qui en conserve encore à la France, à l'armée française et à son chef, un reconnaissant souvenir.

Parvenu enfin au dernier degré de la hiérarchie militaire, le Maréchal Maison revint en France dans le courant d'avril 1829. A cette époque, la terre tremblait déjà sous nos pas ; le pouvoir, un instant ressaisi par le parti constitutionnel, lui échappait de nouveau ; l'orage qui devait emporter la monarchie deux fois restaurée grondait sourdement. Le Maréchal Maison l'avait vu se former de loin. J'ai parlé des inquiétudes qu'il avait conçues et exprimées dès 1814. En 1818, assistant en simple particulier au congrès d'Aix-la-Chapelle, il avait eu sur ce sujet, avec l'Empereur Alexandre, un entretien qui fit grand bruit dans le temps. Il s'était expliqué respectueusement, mais nettement, dans cet entretien, sur le caractère du comte d'Artois, et sur les dangers auxquels les qualités comme les défauts de ce prince exposeraient un jour lui-même, sa famille et son royaume. L'Empereur Alexandre, en rendant justice à la loyauté et à la sagacité de son interlocuteur, avait paru partager ses appréhensions. On peut juger, par la conduite et les sentiments du Maréchal, de quel œil il a dû voir les ordonnances de juillet, et dans quels rangs a dû le trouver la révolution qui s'en est suivie.

Le lendemain de ces fatales ordonnances, la France n'avait plus le choix qu'entre la résistance et le déshonneur. Une telle alternative n'en était pas une. Ainsi que je l'ai dit en commençant, le Maréchal Maison mesura d'un coup d'œil toute la profondeur de l'abîme que Charles X venait de creuser entre lui et le pays ; il comprit à regret, mais sans hésiter, l'impérieuse justice, l'inexorable nécessité d'un événement que personne n'avait préparé, que personne ne dirigeait, qui s'accomplissait irrésistiblement de lui-même, comme un arrêt de la Providence. Il y prit la part que lui mar-

quaient sa position et son caractère, en s'interposant
entre les combattants, en prévenant une plus longue
effusion du sang français par des mains françaises, en
acceptant du Prince , alors lieutenant - général du
Royaume, sous l'autorité des deux Chambres, une
mission pareille à celle que ce prince remplissait
lui-même, une mission d'ordre et de paix , de patriotisme et d'humanité. De concert avec deux hommes
placés, comme lui, très haut dans l'opinion , il se
transporta à Rambouillet où se trouvait encore Charles X , menacé par la population de Paris victorieuse ,
protégé par les débris toujours formidables de la garde
royale. Il lui fit entendre , en homme dont la parole
avait toujours été digne de confiance, le langage
sévère de la raison et de la vérité. Il lui représenta quel
crime ce serait de prolonger une lutte désespérée, sans
autre issue, sans autre chance que la chance odieuse
de rendre peut-être impossible le rétablissement de
l'ordre, la fondation d'un gouvernement régulier, et
de livrer la France en proie à l'Etranger. Charles X ne
demeura point sourd à cet appel ; il céda, il ordonna
à la garde royale de poser les armes ; il plaça sa personne et sa famille sous la sauvegarde de la foi publi-
que ; il confia, aux commissaires délégués près de lui,
sa tête blanchie sous le poids de la couronne et sous le
poids de l'adversité. A leur voix , s'abaissèrent toutes
les barrières déjà élevées pour intercepter sa retraite ;
à leur voix, se contint l'explosion des passions popu-
laires ; pas un acte, pas un mot, pas un cri ne vint
troubler les égards dus à la royauté et au malheur.

La séparation fut, de part et d'autre , solennelle et
douloureuse. Charles X appréciait mieux alors que

d'autres ne l'ont fait depuis de quels dangers il avait été préservé, de quels respects il avait été l'objet.

J'insisterai peu sur les événements qui suivirent. Ils sont récents ; ils sont présents à tous les esprits.

Dans ce flux et reflux d'opinions que les grandes crises politiques soulèvent à grand bruit, et que le temps seul fait rentrer sous la loi d'une oscillation lente et régulière, le premier ministère de la révolution de Juillet ayant été, comme on devait s'y attendre, rapidement entraîné, le Maréchal Maison accepta, par dévouement et sous l'expresse condition de ne le conserver qu'en dépôt, le ministère des affaires étrangères. Il profita de son court passage dans ce poste éminent pour protester, au nom de la foi des traités, contre les folles illusions de cette époque, et faire entendre, en faveur du système de la paix, la voix d'un vieux soldat couvert d'honorables cicatrices. Mais c'était sur un autre terrain qu'il devait être appelé bientôt à parler au nom des mêmes principes, dans un langage différent et contre d'autres adversaires.

Vers le commencement de 1831, il fut envoyé à Vienne en qualité d'ambassadeur ; il y demeura jusqu'à la fin de 1833. A cette époque, il succéda au Maréchal Mortier dans l'ambassade de Saint-Pétersbourg ; il occupa ce dernier poste jusqu'en 1835.

Je voudrais qu'il me fût permis, je voudrais qu'il me fût possible de rendre une entière justice à la conduite que M. le Maréchal Maison a tenue dans ces deux missions importantes, de faire bien connaître les difficultés qu'il a dû surmonter, et faire bien comprendre quel mélange de résolution et de prudence les circonstances exigeaient. Mais ces détails presque personnels sur l'intérieur des Cabinets étrangers, sur le caractère des

souverains, les intentions de leurs ministres, les préven-
tions de leurs Cours et de leurs familles, ces narrations
qui tirent tout leur prix des incidents et des anecdotes
dont elles sont semées, ne peuvent être convenablement
livrées au public, avant que le temps en ait émoussé
les traits ; et s'il est un homme à qui cette réserve soit
commandée, c'est, la Chambre le comprendra sans
peine, celui qui se trouvait chargé, dans ces conjonctures délicates, de transmettre au Maréchal Maison les
ordres du Roi.

Au mois de mars 1835, le Maréchal se trouvait à Saint-
Pétersbourg, honoré de l'Empereur, respecté de tous
ceux qui l'approchaient, sur un pied d'amitié et de
bienveillance réciproque avec le corps diplomatique,
dans une position qu'il s'était faite, et qu'il désirait
conserver. Ce fut à cette époque, qu'appelé moi-même
par la confiance royale à diriger un Cabinet dont les
services ne sont pas encore tout-à-fait oubliés, j'obtins
la permission de proposer à notre ambassadeur en
Russie le département de la guerre. C'était échanger
une situation élevée, sûre et durable, dont toutes les
épines avaient successivement disparu, contre les fluc-
tuations de la politique du jour, contre les orages de la
tribune, contre les outrages de la presse, contre la
certitude de tomber bientôt du pouvoir. Le Maréchal
accepta : courrier pour courrier il se mit en route ; il
vint livrer, avec nous, quelques unes de ces batailles
dont, il faut l'espérer, ni les Chambres ni la place pu-
blique ne seront plus le théâtre, et couvrir le Roi de
son corps contre la mitraille de Fieschi.

Les dix-huit mois qu'il a passé au ministère de la
guerre n'ont point été stériles pour l'armée ni pour sa

propre réputation. Son administration éclairée, intè-
gre, vigilante, a maintenu invariablement les droits
de la discipline, conservé, agrandi quelquefois les ré-
sultats obtenus par ses prédécesseurs, complété des
parties d'organisation que la difficulté du temps et les
vicissitudes de la politique avaient forcé de laisser en
souffrance. La réorganisation du corps de l'intendance
militaire et du service de santé, la création du cadre
de vétérance, la mise en activité des conseils d'enquête
destinés à garantir l'état des officiers, la constitution
civile et militaire de nos possessions d'Afrique, d'autres travaux encore que les hommes du métier ont ap-
préciés, attestent avec quelle activité son attention se
portait sur toutes les branches de l'administration. Le
temps ne lui a pas permis d'en faire davantage. Fidèle
au principe du gouvernement qui nous régit, à ce principe qu'il avait constamment mis en pratique à d'autres
époques, entré dans les affaires avec ses amis politiques,
il en sortit avec eux; il en sortit sur une question toute
politique, dont l'importance était grande il y a quatre
ans, et dont on se souvient à peine aujourd'hui.

En rentrant pour toujours, l'événement l'a prouvé,
dans la condition privée, le Maréchal Maison n'y porta
ni regrets, ni dépit, ni vains retours d'ambition. La
cause qu'il avait servie sous tous les régimes et dans
toutes les carrières, sous la République comme sous
l'Empire, sous la monarchie restaurée comme sous la
monarchie de Juillet, dans les conseils comme dans les
camps, la *bonne vieille cause* de 1789 et de 1830, il l'a
servie librement sur ces bancs. Le coup qui l'a frappé
l'a surpris sans l'émouvoir; la mort l'a trouvé aussi in-
trépide au coin de son foyer que sur le champ de ba-

taille. Résolu et résigné, homme jusqu'au bout, maître de lui-même, tant qu'un souffle de vie lui est resté, il a continué à régler ses dernières dispositions avec un sang-froid inaltérable. Il ne s'est, en quelque sorte, assis que pour mourir ; et, comme le laboureur qui dételle vers le soir, après avoir porté le poids du jour et de la chaleur, après avoir pourvu à tout, il s'est endormi.

PARIS, IMPRIMERIE DE BOURGOGNE ET MARTINET, RUE JACOB, 30.